AF509258

## PRISE DE LA BASTILLE (14 juillet 1789).

Paris était en pleine insurrection. Le 14, la foule, ayant appris qu'il existait un dépôt d'armes aux Invalides, y pénétra et s'empara de 28.000 fusils et des canons. Ce ne fut plus qu'un cri : A la Bastille ! Arrivé devant la forteresse, le peuple franchit le premier pont-levis sous une vive fusillade. Le combat continuait lorsque le gouverneur Delaunay offrit de capituler. La Bastille était prise. Ce fut un événement considérable. La Bastille était, en effet, pour Paris un danger matériel, et pour le monde entier le symbole de la tyrannie.

## ABANDON DES PRIVILÉGES (Nuit du 4 août 1789).

Le 4 août au soir, plusieurs membres de la noblesse et du clergé firent les propositions les plus désintéressées. L'exemple se généralisa : dîmes, corvées, droits féodaux, jurandes, maîtrises, etc., furent définitivement abolis, et l'égalité reconnue entre toutes les classes de citoyens. Cette mémorable séance avait vu s'accomplir pacifiquement la plus grande révolution sociale de tous les temps. Comme suite naturelle de l'abolition des privilèges, on lut à l'Assemblée, le 26 août, la *Déclaration des droits de l'homme et du citoyen*, véritable monument élevé à l'affranchissement de l'humanité.

# Les Annales de la Révolution (1789-1799)

**MIRABEAU ET L'ASSEMBLÉE CONSTITUANTE** (23 juin 1789).

Le roi se rendit le 23 juin aux Etats généraux. Il enjoignit à chaque ordre de se retirer pour délibérer séparément. La noblesse et le clergé obéirent ; mais le tiers refusa, décidé plutôt à faire seul la Constitution. Un instant après, le roi envoya le marquis de Dreux-Brezé réitérer l'ordre d'évacuation. « Nous sommes ici, répliqua Mirabeau, par la volonté de la nation ; nous n'en sortirons que par la force des baïonnettes ! — Soit, qu'on les laisse ! » dit le roi. Les deux autres ordres se réunirent alors au tiers pour former une « Constituante ».

**CAMILLE DESMOULINS AU PALAIS-ROYAL** (13 juillet 1789).

Le 8 juillet, Mirabeau dénonça à l'Assemblée des mouvements de troupes autour de Paris. Le plan du roi était d'arrêter les principaux députés qui faisaient échec à la royauté. Le parti de la Révolution sut déjouer toutes ces intrigues. Une agitation extrême se produisit. Le lendemain 12 juillet, un jeune écrivain, Camille Desmoulins, harangua le peuple au Palais-Royal. Monté sur une table, le pistolet au poing : « Citoyens, dit-il, on a chassé Necker hier ; on prépare pour cette nuit une Saint-Barthélemy contre les patriotes !... Aux armes ! »

# Les Annales de la Révolution (1789-1799)

**LA FAMILLE ROYALE RAMENÉE A PARIS** (6 octobre 1789).

La misère était grande à Paris. Le 5 octobre, une jeune fille prit un tambour et battit la générale. Les dames de la Halle suivirent et se rendirent à l'Hôtel de Ville réclamer du pain. L'huissier Maillard parvint à les calmer en leur offrant de les conduire à Versailles. Elles acceptent et partent. Pour obéir aux instances du peuple, la famille royale quitte Versailles. Les femmes placées en avant du carrosse dansaient et criaient : « Nous ne manquerons plus de pain ! Nous ramenons le boulanger, la boulangère et le petit mitron ! »

**LA FÊTE DE LA FÉDÉRATION** (14 juillet 1790).

Pour éviter la banqueroute, l'Assemblée décida de vendre les *biens nationaux*. Afin d'en réaliser plus rapidement le capital, on créa des *assignats* négociables. Les membres du clergé conséquemment devinrent des fonctionnaires salariés par l'Etat. Le clergé, en outre, fut déclaré indépendant du Saint-Siège, et ses membres durent prêter le serment civique. Tel fut l'esprit de la loi du 12 juillet 1790, appelée *Constitution civile du clergé*. Deux jours après, on célébra au Champ-de-Mars, dans un but de concorde, la fête de la *Fédération*.

**FUITE ET ARRESTATION DE LOUIS XVI** (21 juin 1791).

Déjà une partie de la noblesse avait fui à l'étranger, ainsi que les frères du roi. Louis XVI lui-même, craignant pour sa sécurité, dans la nuit du 20 juin sort déguisé de Paris avec sa famille. Il passe inaperçu à Châlons, mais il est reconnu à Sainte-Menehould, arrêté à Varennes et ramené le 25 à Paris sous escorte ; on le garde à vue comme prisonnier. Bien qu'on prononçât ouvertement le mot *République*, la Constituante qualifia le départ de Louis XVI d'enlèvement et non de fuite, et décida que le roi ne serait pas déchu, mais suspendu de ses fonctions.

**LA MARSEILLAISE** (25 avril 1792).

Le 24 avril 1792, Dietrich, maire de Strasbourg, avait à sa table quelques jeunes volontaires. Chacun exprimait le vœu d'avoir promptement un chant de guerre capable d'exciter le patriotisme des soldats. Un des hôtes, Rouget de Lisle, capitaine du génie, poète et musicien, rentra chez lui en proie à un grand état d'exaltation. Il saisit un violon et improvisa l'hymne qui devait rendre son nom immortel. Un bataillon de fédérés marseillais se dirigeant sur Paris le fit connaître sur son passage. De là lui vint le nom de *Marseillaise*.

**LES ENROLEMENTS VOLONTAIRES** (22 juillet 1792).

La cour entretenait avec l'étranger des relations secrètes. Brissot jeta le cri d'alarme, le 11 juillet, en faisant déclarer par l'Assemblée la patrie en danger. Le 22, des bureaux d'enrôlement sont installés partout, et les volontaires sont envoyés aussitôt à la frontière. Le 25, le duc de Brunswick, chef de la coalition contre la France, publia un insolent manifeste menaçant les Français d'une vengeance exemplaire s'ils osaient attenter au principe de la royauté. A cette nouvelle, la France se souleva, indignée. La campagne de 1792 commença.

**JOURNÉE DU 10 AOUT** (1792).

Tandis que nos soldats couraient à la frontière, le pays était livré à l'anarchie. Le 10 août, les insurgés envahirent les Tuileries et massacrèrent les Suisses et les gentilshommes qui gardaient le roi. Dans les jours qui suivirent le 2 septembre, 10.000 personnes de tout rang, de tout âge, de tout sexe furent égorgées par les septembriseurs, lorsqu'au milieu de ces tristesses, une lueur d'espérance vint éclaircir l'horizon : on apprit avec des transports de joie patriotique la première victoire gagnée sur les Prussiens par Kellermann à Valmy.

### ARRESTATION DE ROBESPIERRE (28 juillet 1793 .

Après le roi, Marie Antoinette et les Girondins, une foule de personnages illustres montèrent sur l'échafaud. Danton, Camille Desmoulins n'échappèrent point à la vengeance de Robespierre. La conscience publique se révolta enfin. Le 9 thermidor, à la Convention, quelques membres crièrent : *A bas le tyran !* et obtinrent un décret d'arrestation contre lui. Ses amis le délivrèrent. Mais, le lendemain, il se réfugia à l'Hôtel de Ville, où un gendarme, attaché à sa poursuite lui fracassa la mâchoire d'un coup de pistolet. Il périt sur l'échafaud.

### FIN DE LA CONVENTION (Défaite des sections)

Les triumvirs Marat, Danton et Robespierre emportèrent avec eux le régime de la Terreur. Pourtant, deux dernières tentatives furent faites par les partis extrêmes : les terroristes envahirent l'Assemblée le 20 mai 1795, mais furent repoussés par les troupes de la Convention, et leurs chefs exécutés ; puis les sections royalistes, enhardies depuis la mort de Robespierre, furent battues le 13 vendémiaire (5 octobre 1795) par Bonaparte, jeune officier connu depuis le siège de Toulon. La Convention déclara sa mission terminée le 26 octobre 1795.

Collection C. CHARIER.

**ARRESTATION DE MADAME ROLAND** (31 mai 1793).

Madame Roland était l'âme du parti girondin dont l'effondrement se produisit le 31 mai par le renversement de la Commission des Douze et le décret d'arrestation de ses 22 principaux membres. La courageuse femme se proposait de gagner la retraite où était caché son mari depuis le matin, lorsque les sectionnaires forcèrent sa demeure. On l'arracha à sa fille et à ses domestiques en larmes ; on la jeta dans une voiture et la populace suivit en criant : « A la guillotine ! » Elle alla au supplice le 10 novembre. Son mari, à cette nouvelle, se perça le cœur de désespoir.

**LES GIRONDINS PARTANT POUR L'ÉCHAFAUD** (31 octobre 1793).

La mort de Louis XVI amena une nouvelle coalition. Carnot, comme membre du Comité de Salut public, organisa la défense extérieure : mais à l'intérieur, l'odieuse tyrannie des *Montagnards* terrorisait la France. Marie-Antoinette monta sur l'échafaud le 23 octobre. Le 31, vingt et un Girondins, tous hommes de cœur, furent exécutés : amenés dans des charrettes au pied de la guillotine, ils entonnèrent la *Marseillaise*, agrémentant chaque couplet du cri de : « Vive la République ! » Le chant ne cessa que lorsque le dernier eut franchi la dernière marche.

**MORT DE LOUIS XVI (21 janvier 1793**.

« La Convention fit comparaître Louis XVI devant elle. Déclaré coupable de conspiration contre la liberté de la nation et contre la sûreté de l'Etat, il fut condamné à mort. Le 21 janvier, à 10 heures du matin, il monta les degrés de l'échafaud. Il fit signe aux tambours qui battaient de s'arrêter : « Je suis innocent, dit-il ; je pardonne aux auteurs de ma mort; je prie Dieu que mon sang ne retombe jamais sur la France. » Un roulement de tambours couvrit ces paroles. Louis XVI mourut courageusement ; il avait 39 ans.

**LE COMITÉ DE SALUT PUBLIC (1793).**

Neuf membres composaient le Comité de Salut public créé par la Convention. Chaque semaine, ils devaient rendre compte de leur mandat, qui ne durait qu'un mois et fut prorogé de mois en mois jusqu'à l'avènement du Directoire, époque où il fut supprimé. Le Comité se réunissait autour d'une table recouverte d'un tapis vert, dans une petite salle. Les délibérations étaient tenues secrètes. Il eut une autorité dictatoriale, et gouverna sans contrôle les ministres, les généraux et le tribunal révolutionnaire, chargé par lui de juger les ennemis de la République.

# STATURE DE L'HOMME ET SON POIDS

Pour que le corps soit bien oportionné, il faut que le poids et la stature conservent un certain rapport. Quetelet le détermine par les chiffres suivants :

| STATURE | POIDS HOMME | | POIDS FEMME | | STATURE | POIDS HOMME | | POIDS FEMME | |
|---|---|---|---|---|---|---|---|---|---|
| 0 m. 50 | 3 kil. 20 | | 2 kil. 91 | | 1 m. 20 | 21 kil. 72 | | 21 kil. 50 | |
| 0 60 | 6 | 20 | 6 | 02 | 1 30 | 26 | 63 | 26 | 83 |
| 0 70 | 9 | 30 | 9 | 00 | 1 40 | 34 | 48 | 37 | 18 |
| 0 80 | 11 | 36 | 11 | 21 | 1 50 | 46 | 29 | 48 | 00 |
| 0 90 | 13 | 50 | 13 | 42 | 1 60 | 57 | 15 | 56 | 73 |
| 1 00 | 15 | 90 | 15 | 82 | 1 70 | 63 | 28 | 65 | 20 |
| 1 10 | 18 | 50 | 18 | 30 | | | | | |

## Notre stature.

Voici la classification admise pour la taille :

| | HOMMES | FEMMES |
|---|---|---|
| Haute taille. | 1<sup>m</sup>70 et plus | 1<sup>m</sup>58 et plus. |
| Taille au-dessus de la moyenne. | 1<sup>m</sup>65 — 1<sup>m</sup>69 | 1<sup>m</sup>53 — 1<sup>m</sup>57 |
| Moyenne. | 1<sup>m</sup>65 | 1<sup>m</sup>53. |
| Taille au-dessous de la moyenne. | 1<sup>m</sup>60 — 1<sup>m</sup>64 | 1<sup>m</sup>40 — 1<sup>m</sup>52 |
| Petite taille. | 1<sup>m</sup>60 et moins | 1<sup>m</sup>39 et moins |

## La taille selon les races.

Tailles hautes (1<sup>m</sup>70 et au-dessus)

| | | | |
|---|---|---|---|
| Patagons. | 1<sup>m</sup>85 | Comanches. | 1<sup>m</sup>80 |
| Polynésiens | 1<sup>m</sup>76 | Iroquois. | 1<sup>m</sup>73 |
| Scandinaves. | 1<sup>m</sup>71 | Zoulous | 1<sup>m</sup>70 |
| Ecossais | 1<sup>m</sup>71 | Esquimaux. | 1<sup>m</sup>70 |

Au-dessus de la moyenne (1<sup>m</sup>65 à 1<sup>m</sup>69)

| | | | |
|---|---|---|---|
| Nubiens. | 1<sup>m</sup>69 | Allemands. | 1<sup>m</sup>69 |
| Anglais. | 1<sup>m</sup>69 | Arabes. | 1<sup>m</sup>68 |
| Belges. | 1<sup>m</sup>68 | Français. | 1<sup>m</sup>65 |

Au-dessous de la moyenne (1<sup>m</sup>60 à 1<sup>m</sup>64).

| | | | |
|---|---|---|---|
| Australiens. | 1<sup>m</sup>64 | Esthoniens. | 1<sup>m</sup>64 |
| Chinois. | 1<sup>m</sup>64 | Bavarois. | 1<sup>m</sup>64 |
| Juifs. | 1<sup>m</sup>63 | Japonais. | 1<sup>m</sup>60 |

Petites (moins de 1<sup>m</sup>60).

| | | | |
|---|---|---|---|
| Malais. | 1<sup>m</sup>59 | Ostiaks. | 1<sup>m</sup>56 |
| Annamites. | 1<sup>m</sup>59 | Lapons. | 1<sup>m</sup>53 |
| Siamois. | 1<sup>m</sup>52 | Boshimans. | 1<sup>m</sup>41 |

C. CHARIER, éditeur, à Saumur.

# LA RICHESSE DES NATIONS

Les principaux facteurs qui permettent d'évaluer la fortune d'un pays sont : les **valeurs mobilières**, les valeurs immobilières et le crédit. La richesse comparée des nations s'établit à peu près de la façon suivante :

| | | | |
|---|---|---|---|
| États-Unis. | 350 milliards | Russie. | 130 milliards |
| Angleterre. | 275 — | Autriche-Hongrie. | 80 — |
| France. | 225 — | Espagne. | 60 — |
| Allemagne. | 150 — | Italie. | 55 — |

Si l'on tient compte du chiffre de la population, on trouve que la fortune de chaque **habitant** est dans la proportion suivante :

| | | | |
|---|---|---|---|
| Anglais | 7 | Allemand. | 3 |
| Français | 6 | Autriche. | 2 |
| Américain. | 5 | Russe. | 1 |
| Espagnol. | 4 | Italien. | 1 |

————— ⋈ —————

# LES GROSSES FORTUNES

C'est aux États-Unis d'Amérique qu'on trouve les plus grosses fortunes dans **une seule main.**

| | | | |
|---|---|---|---|
| William Astor. | 840 millions | Louis Tiffany. | 175 millions |
| John D. Rockefeller. | 760 — | Singer. | 150 — |
| Georges Gould. | 405 — | A. Constable. | 125 — |
| Madame Hetty Green. | 300 — | Andrew Carnegie. | 100 — |
| William Rockefeller. | 300 — | J. Gordon Bennett. | 100 — |
| Henry Flagler. | 300 — | | |

On compte, paraît-il, 700 millionnaires dans le monde entier, possédant **25 millions de francs.**

| | | | |
|---|---|---|---|
| Angleterre. | 200 | Autriche-Hongrie | 50 |
| États-Unis. | 100 | Russie. | 50 |
| France. | 75 | Indes. | 50 |
| Allemagne. | 50 | Autres pays. | 125 |

C. CHARIER, éditeur, à Saumur.

## Maximes de La Rochefoucauld

— La nature fait le mérite et la fortune le met en œuvre.

— La pompe des enterrements intéresse plus la vanité des vivants que la mémoire des morts.

— Tout le monde se plaint de sa mémoire, et personne ne se plaint de son jugement.

— Les vieillards aiment à donner de bons préceptes pour se consoler de n'être plus en état de donner de mauvais exemples.

— La politesse de l'esprit consiste à penser des choses honnêtes et délicates.

— On ne donne rien si libéralement que ses conseils.

— Il y a de bons mariages; il n'y en a point de délicieux.

— On aime mieux dire du mal de soi-même que de n'en point parler.

— Ce qui fait que peu de personnes sont agréables dans la conversation, c'est que chacun songe plus à ce qu'il a dessein de dire qu'à ce que les autres disent, et que l'on n'écoute guère quand on a bien envie de parler.

— Pour plaire aux autres, il faut parler de ce qu'ils aiment et de ce qui les touche, éviter les disputes sur des choses indifférentes, leur faire rarement des questions, et ne leur laisser jamais croire qu'on prétend avoir plus de raison qu'eux.

— Evitons surtout de parler souvent de nous-mêmes et de nous donner pour exemple. Rien n'est plus désagréable qu'un homme qui se cite lui-même à tout propos.

— Il ne faut jamais rien dire avec un air d'autorité, ni montrer aucune supériorité d'esprit. Fuyons les expressions trop recherchées, les termes durs et forcés, et ne nous servons point de paroles plus grandes que les choses.

— Il faudrait faire son plaisir de celui des autres, ménager leur amour-propre et ne le blesser jamais.

---

## Pensées de Rivarol

— Ce qu'il y a d'horrible en général dans ce monde, c'est que nous cherchons avec une égale ardeur à nous rendre heureux et à empêcher les autres de l'être. Beaucoup d'hommes lancent sur nous autant de traits que de regards.

— Sur dix personnes qui parlent de nous, neuf en disent du mal, et souvent la seule personne qui en dit du bien le dit mal.

— L'homme modeste a tout à gagner, et l'orgueilleux a tout à perdre; car la modestie a toujours affaire à la générosité, et l'orgueil à l'envie.

— Il n'y a qu'une morale comme il n'y a qu'une géométrie; ces deux mots n'ont point de pluriel, la morale est fille de la justice et de la conscience; c'est une religion universelle.

— Les peuples les plus civilisés sont aussi voisins de la barbarie que le fer le plus poli l'est de la rouille. Les peuples, comme les métaux, n'ont de brillant que les surfaces.

---

## Pensées de Chamfort

— On est heureux ou malheureux par une foule de choses qui ne paraissent pas, qu'on ne dit point, et qu'on ne peut dire.

— La calomnie est comme la guêpe qui nous importune, et contre laquelle il ne faut faire aucun mouvement, à moins qu'on ne soit sûr de la tuer, sans quoi elle revient à la charge plus furieuse que jamais.

— Celui qui ne sait point recourir à propos à la plaisanterie, et qui manque de souplesse dans l'esprit se trouve très souvent placé dans la nécessité d'être faux ou d'être pédant, alternative fâcheuse à laquelle un honnête homme se soustrait, pour l'ordinaire, par de la grâce et de la gaieté.

— On n'imagine pas combien il faut d'esprit pour n'être jamais ridicule.

— Quand on veut plaire dans le monde, il faut se résoudre à se laisser apprendre beaucoup de choses qu'on sait par des gens qui les ignorent.

C CHARIER, éditeur, à Saumur.

# TABLEAU CHRONOLOGIQUE

DE

# L'HISTOIRE DE FRANCE

## MÉROVINGIENS

1 Pharamond          règne de 420 à 428
2 Clodion . . . . . . . . . . de 428 à 448
3 Mérovée. . . . . . . . . . de 448 à 458
4 Childéric I<sup>er</sup> . . . . . . . de 458 à 481
5 Clovis I<sup>er</sup> . . . . . . . . de 481 à 511
6 Childebert I<sup>er</sup> . . . . . . de 511 à 558
7 Clotaire I<sup>er</sup> . . . . . . . de 558 à 561
8 Caribert. . . . . . . . . . de 561 à 567
9 Chilpéric I<sup>er</sup> . . . . . . de 567 à 584
10 Clotaire II. . . . . . . . de 584 à 628
11 Dagobert I<sup>er</sup> . . . . . . . de 628 à 638
12 Clovis II. . . . . . . . . de 638 à 656
13 Clotaire III. . . . . . . de 656 à 670
14 Childéric II . . . . . . . de 670 à 673
15 Thierry I<sup>er</sup> . . . . . . . de 673 à 691
16 Clovis III . . . . . . . . de 691 à 695
17 Childebert II. . . . . . . de 695 à 711
18 Dagobert II . . . . . . . de 711 à 716
19 Clotaire IV. . . . . . . . de 716 à 717
20 Chilpéric II . . . . . . . de 717 à 720
21 Thierry II. . . . . . . . de 720 à 737
22 Childéric III. . . . . . . de 737 à 752

## CARLOVINGIENS

23 Pépin le Bref. . . . . . . de 752 à 768
24 Charlemagne. . . . . . . de 768 à 814
25 Louis I<sup>er</sup>. . . . . . . . . de 814 à 840
26 Charles II. . . . . . . . de 840 à 877
27 Louis II. . . . . . . . . de 877 à 879
28 Louis III et Carloman. . . de 879 à 884
29 Charles le Gros. . . . . . de 884 à 888
30 Eudes. . . . . . . . . . de 888 à 896
31 Charles III. . . . . . . . de 896 à 923
32 Raoul. . . . . . . . . . de 923 à 936
33 Louis IV . . . . . . . . de 936 à 954
34 Lothaire. . . . . . . . . de 954 à 986
35 Louis V. . . . . . . . . de 986 à 987

## CAPÉTIENS

### 1<sup>re</sup> Branche, dite des Capets

36 Hugues Capet . . . . . de 987 à 996
37 Robert. . . . . . . . . de 996 à 1031
38 Henri I<sup>er</sup>. . . . . . . . de 1031 à 1060
39 Philippe I<sup>er</sup> . . . . . . de 1060 à 1108
40 Louis VI. . . . . . . . . de 1108 à 1137

41 Louis VII . . . . . . . . de 1137 à 1180
42 Philippe II . . . . . . . de 1180 à 1223
43 Louis VIII. . . . . . . . de 1223 à 1226
44 Louis IX . . . . . . . . de 1226 à 1270
45 Philippe III . . . . . . . de 1270 à 1285
46 Philippe IV . . . . . . . de 1285 à 1314
47 Louis X . . . . . . . . . de 1314 à 1316
48 Philippe V . . . . . . . de 1316 à 1321
49 Charles IV . . . . . . . de 1321 à 1328

### 2<sup>e</sup> Branche, dite 1<sup>re</sup> des Valois

50 Philippe VI . . . . . . . de 1328 à 1350
51 Jean le Bon . . . . . . . de 1350 à 1364
52 Charles V. . . . . . . . de 1364 à 1380
53 Charles VI. . . . . . . . de 1380 à 1422
54 Charles VII . . . . . . . de 1422 à 1461
55 Louis XI. . . . . . . . . de 1461 à 1483
56 Charles VIII. . . . . . . de 1483 à 1498

### 3<sup>e</sup> Branche dite d'Orléans

57 Louis XII . . . . . . . . de 1498 à 1515

### 4<sup>e</sup> Branche, dite 2<sup>e</sup> des Valois

58 François I<sup>er</sup> . . . . . . . de 1515 à 1547
59 Henri II. . . . . . . . . de 1547 à 1559
60 François II. . . . . . . . de 1559 à 1560
61 Charles IX. . . . . . . . de 1560 à 1574
62 Henri III . . . . . . . . de 1574 à 1589

### 5<sup>e</sup> Branche, dite des Bourbons

63 Henri IV . . . . . . . . de 1589 à 1610
64 Louis XIII. . . . . . . . de 1610 à 1643
65 Louis XIV . . . . . . . . de 1643 à 1715
66 Louis XV . . . . . . . . de 1715 à 1774
67 Louis XVI . . . . . . . . de 1774 à 1793

République . . . . . . . de 1793 à 1804

68 Napoléon I<sup>er</sup>, empereur. de 1804 à 1814
69 Louis XVIII . . . . . . . de 1814 à 1824
70 Charles X. . . . . . . . de 1824 à 1830
71 Louis Philippe I<sup>er</sup>. . . . de 1830 à 1848

République . . . . . . . de 1848 à 1852

72 Napoléon III, emp<sup>r</sup>. . . de 1852 à 1870

République proclamée en 1870

C. CHARIER, éditeur, à Saumur.

# LES GRANDES BATAILLES DU MONDE

| BATAILLES. | DATES. | BELLIGÉRANTS ET GÉNÉRAUX. | VAINQUEURS. | NOMBRE DES TROUPES. |
|---|---|---|---|---|
| | av. J.-C. | | | |
| Marathon. | 490 | Les Athéniens sous Miltiade contre les Perses de Mardonius. | Miltiade. | 10 000 Athéniens. 100.000 Perses |
| Cannes. | 216 | Hannibal et les Carthaginois. Paul Emile. Varon et les Romains. | Hannibal. | 50.000 Carthag. 80.000 Romains. |
| Crécy. | 1346 | Philippe VI, roi de France, contre Edouard III, d'Angleterre. | Edouard III. | 40.000 Français, 16.000 Anglais |
| Azincourt. | 1415 | Le connétable d'Albret et les Français contre l'armée anglaise d'Henri V. | Henri V | 50.000 Français, 20.000 Anglais. |
| Denain. | 1712 | Villars et les Français. Le prince Eugène et les Anglo-Allemands. | Villars. | 80.000 Français 100.000 Anglo-All. |
| Fontenoy. | 1745 | Le marechal de Saxe et les Français. Le duc de Cumberland et les Anglais. | Mar. de Saxe | 50.000 Français, 60.000 Anglais. |
| Valmy. | 179 | Kellermann et les Français. Le duc de Brunswick et les Prussiens. | Kellermann. | 40.000 Français, 50.000 Prussiens. |
| Rivoli. | 1797 | Bonaparte et les Français. Alvinczy et les Autrichiens. | Bonaparte. | 16.000 Français. 40.000 Autrich |
| Zurich | 1799 | Masséna et les Français. L'archiduc Charles et les Autrichiens. Souvarof et les Russes | Masséna. | 55.000 Français, 40.000 Autrich, 70.000 Russes. |
| Marengo. | 1800 | Bonaparte et Desaix contre Mélas et les Autrichiens. | Bonaparte. | 30.000 Français, 35.000 Autrich |
| Austerlitz. | 1805 | Napoléon 1er contre Alexandre 1er de Russie et François d'Autriche. | Napoléon. | 80.000 Français. 100.000 Austro-Russes. |
| Eylau. | 1807 | Napoléon 1er contre les Russes de Bennigsen | | 70.000 Français, 80.000 Russes. |
| Essling. | 1809 | Napoléon 1er et Lannes contre l'archid. Charles et les Autrichiens. | Napoléon. | 80.000 Français, 90.000 Autrich. |
| La Moscova | 1812 | Napoléon 1er contre les Russes de Barclay de Tolly. | Napoléon | 155.000 Français, 130.000 Russes |
| Leipzig. | 1813 | Napoléon contre Schwartzenberg (Autrichiens) Blücker (Prussiens), Alexandre (Russes). | Schwartzenberg et Blucher. | 140.000 Français 300.000 coalisés. |
| Waterloo. | 1815 | Napoléon contre les Anglais de Wellington et les Prussiens de Blücher. | Wellington. | 72.000 Français. 70.000 Anglais, 50.000 Prussiens. |
| Inkermann. | 1854 | Général Bosquet et lord Raglan contre les Russes de Mentchikof. | Bosquet et Lord Raglan | 30.000 Français, 25.000 Anglais, 60.000 Russes. |
| Solférino. | 1859 | Napoléon III et Victor-Emmanuel contre l'empereur d'Autriche François-Joseph | Napoléon III. | 150.000 Franco-Italiens, 160.000 Autrich. |
| Sadowa. | 1866 | De Moltke et les Prussiens contre Benedek et les Autrichiens. | De Moltke. | 250.000 Prussiens, 200.000 Autrich |
| Sedan. | 1870 | Napoléon III secondé par Mac-Mahon. puis Ducrot, Wimpffen est battu par Guill. 1er, secondé par de Moltke | Guillaume 1er et de Moltke. | 124.000 Français 245.000 Allem. |
| Metz. | 1870 | Bazaine et Canrobert contre les Allemands de Frédéric Charles. | Frédéric-Charles. | 170.000 Français, 250.000 Allem. |
| Champigny | 1870 | Le général Ducrot et la garnison de Paris contre les Allemands de Moltke. | De Moltke. | 250.000 Français, 300.000 Allem. |

C. CHARIER, éditeur, à Saumur.

# LA MORTALITÉ HUMAINE

Un savant anglais, Mulhall, a fixé dans un des tableaux ci-dessous la moyenne de la mortalité, par 10.000 habitants, due aux maladies les plus redoutables.

| MALADIES | Angleterre | France | Allemagne | Russie | Italie | Suisse | Belgique | Hollande | Scandinavie |
|---|---|---|---|---|---|---|---|---|---|
| Apoplexie . . . . . | 270 | 400 | 390 | 210 | 360 | 37 | 310 | 280 | 350 |
| Bronchite. . . . . | 1.150 | 310 | 400 | 1 500 | 30 | 600 | 480 | 220 | 620 |
| Cancer . . . . . . | 235 | . . | 260 | 150 | 160 | 300 | 140 | 180 | 330 |
| Tuberculose. . . . | 1.100 | 1 120 | 1.270 | 1.960 | 900 | 1.110 | 1.820 | 950 | 1 020 |
| Diphtérie . . . . | 55 | 360 | 270 | 210 | 360 | 304 | 280 | 130 | 230 |
| Erysipèle . . . . | 36 | 48 | 35 | . . | 50 | . . | 40 | . . | . . |
| Maladies de cœur. . | 620 | 290 | 230 | 200 | 580 | 385 | 190 | 180 | 220 |
| Rougeole. . . . . | 184 | 180 | 100 | 80 | 95 | 46 | 165 | 150 | . . |
| Pneumonie. . . . | 510 | 720 | 400 | 1 150 | 540 | 600 | 450 | 570 | 710 |
| Fièvre puerpérale. . | 49 | 100 | . . | 70 | . . | 50 | . . | 50 | 100 |
| Rhumatisme . . . | 41 | 35 | 25 | 40 | . . | . . | . . | . . | 40 |
| Scarlatine. . . . | 402 | 20 | 160 | 90 | 10 | 146 | 140 | 40 | 360 |
| Scrofule. . . . . | 62 | 130 | . . | 180 | 30 | . . | 90 | 140 | 70 |
| Petite vérole . . . | 130 | 80 | 8 | 40 | 60 | 54 | 150 | 100 | 120 |
| Fièvre typhoïde . . | 210 | 720 | 450 | 480 | 240 | 184 | 460 | 460 | 280 |
| Coqueluche. . . . | 250 | 115 | . . | . . | 50 | 112 | 280 | 180 | 185 |

## Combien il meurt, par an, de personnes pour 1,000 habitants.

| | | | | | |
|---|---|---|---|---|---|
| Bristol. . . . . . | 15,4 | Christiania . . . . | 19,6 | Munich. . . . . . | 23,7 |
| Francfort-sur-Mein. . | 16,5 | Nice. . . . . . | 19,7 | Liverpool. . . . . | 23,8 |
| La Haye . . . . . | 16,9 | Gand . . . . . | 19,7 | Nantes. . . . . . | 23,9 |
| Berlin . . . . . . | 17,2 | Glasgow . . . . | 20,0 | Budapest. . . . . | 24,4 |
| Liège . . . . . . | 17,6 | Rotterdam. . . . | 20,2 | Gratz . . . . . . | 24,5 |
| Londres . . . . . | 17,7 | Manchester . . . . | 20,4 | Dublin. . . . . . | 24,7 |
| Leeds . . . . . . | 17,8 | Lyon . . . . . | 20,9 | Varsovie . . . . . | 25,0 |
| Bruxelles. . . . . | 18,1 | Dresde. . . . . | 20,9 | Milan . . . . . . | 25,0 |
| Hambourg. . . . . | 18,1 | Berne. . . . . | 21,0 | Breslau. . . . . | 25,5 |
| Amsterdam . . . . | 18, | Bordeaux. . . . | 21,3 | Reims. . . . . . | 25,8 |
| Bâle. . . . . . . | 18,5 | Venise. . . . . | 21,6 | Naples. . . . . | 27,7 |
| Birmingham. . . . | 18,5 | Magdebourg. . . | 21,8 | Marseille . . . . | 28,3 |
| Leipzig. . . . . . | 18,7 | Bologne . . . . | 21 9 | Jassy . . . . . . | 28,3 |
| Copenhague. . . . | 18,7 | Prague. . . . . | 22 1 | Barcelone. . . . | 29,6 |
| Turin . . . . . . | 18,8 | Paris . . . . . | 22,2 | Le Havre. . . . . | 29,8 |
| Zurich. . . . . . | 18,9 | Odessa. . . . . | 22,3 | Bucharest. . . . | 29,9 |
| Genève. . . . . . | 19,0 | Saint Etienne. . . | 22,7 | Trieste. . . . . | 30,1 |
| Stockholm. . . . . | 19,1 | Vienne. . . . . | 22,8 | Rouen. . . . . . | 31,3 |
| Anvers. . . . . . | 19,1 | Cologne . . . . | 23,1 | St-Pétersbourg . . . | 31,4 |
| Rome . . . . . . | 19,6 | Lille. . . . . . | 23 5 | Moscou. . . . . . | 34,1 |

La durée moyenne de la vie humaine est 33 ans. Pour 100 naissances, 25 individus meurent avant 6 ans, 50 avant 16 ans, et une seule arrive à l'âge de 65 ans.

Chaque minute il meurt 67 personnes, et il en naît 70. Cela fait 96.480 décès et 100.450 naissances par jour.

C. CHARIER, éditeur, à Saumur

# FRANCE. — Départements, Chefs-lieux, Sous-préfectures

AIN : Bourg ; Belley, Gex, Nantua, Trévoux. — AISNE : Laon ; Château-Thierry, Saint-Quentin, Soissons, Vervins. — ALLIER : Moulins ; Gannat, la Palisse, Montluçon. — ALPES (Bses-) : Digne ; Barcelonnette, Castellane, Forcalquier, Sisteron. — ALPES (Htes-) : Gap ; Briançon, Embrun. — ALPES-MARITIMES : Nice ; Grasse, Puget-Théniers. — ARDÈCHE : Privas ; Largentière, Tournon. — ARDENNES : Mézières ; Rethel, Rocroi, Sedan, Vouziers. — ARIÉGE : Foix ; Pamiers, Saint-Girons. — AUBE : Troyes ; Arcis-sur-Aube, Bar-sur-Aube, Bar-sur-Seine, Nogent-sur-Seine. — AUDE : Carcassonne ; Castelnaudary, Limoux, Narbonne. — AVEYRON : Rodez ; Espalion, Millau, Saint-Affrique, Villefranche. — BOUCHES-DU-RHONE : Marseille ; Aix, Arles. — CALVADOS : Caen ; Bayeux, Falaise, Lisieux, Pont-l'Evêque, Vire. — CANTAL : Aurillac ; Mauriac, Murat, Saint-Flour. — CHARENTE : Angoulême ; Barbezieux, Cognac, Confolens, Ruffec. — CHARENTE-INFÉR. : La Rochelle ; Jonzac, Marennes, Rochefort, Saintes, Saint-Jean-d'Angely. — CHER : Bourges ; Saint-Amand, Sancerre. — CORRÈZE : Tulle ; Brive, Ussel. — CORSE : Ajaccio ; Bastia, Calvi, Corte, Sartène. — COTE-D'OR : Dijon ; Beaune, Châtillon-sur-Seine, Semur. — COTES-DU-NORD : Saint-Brieuc ; Dinan, Guingamp, Lannion, Loudéac. — CREUSE : Guéret ; Aubusson, Bourganeuf, Boussac. — DORDOGNE : Périgueux ; Bergerac, Nontron, Ribérac, Sarlat. — DOUBS : Besançon ; Baume-les-Dames, Montbéliard, Pontarlier. — DROME : Valence ; Die, Montélimar, Nyons. — EURE : Evreux ; les Andelys, Bernay, Louviers, Pont-Audemer. — EURE-ET-LOIR : Chartres ; Châteaudun, Dreux, Nogent-le-Rotrou. — FINISTÈRE : Quimper ; Brest, Châteaulin, Morlaix, Quimperlé. — GARD : Nîmes ; Alais, Uzès, le Vigan. — GARONNE (Hte-) : Toulouse ; Muret, Saint-Gaudens, Villefranche. — GERS : Auch ; Condom, Lectoure, Lombez, Mirande. — GIRONDE : Bordeaux ; Bazas, Blaye, la Réole, Lesparre, Libourne. — HÉRAULT : Montpellier ; Béziers, Lodève, Saint-Pons. — ILLE-ET-VILAINE : Rennes ; Fougères, Montfort, Redon, Saint-Malo, Vitré. — INDRE : Chateauroux ; la Châtre, le Blanc, Issoudun. — INDRE-ET-LOIRE : Tours ; Chinon, Loches — ISERE : Grenoble ; la Tour-du-Pin, Saint-Marcellin, Vienne. — JURA : Lons-le-Saunier ; Dôle, Poligny, Saint-Claude. — LANDES : Mont-de-Marsan ; Dax, Saint-Sever. — LOIR-ET-CHER : Blois ; Romorantin, Vendôme. — LOIRE : Saint-Etienne ; Montbrison, Roanne. — LOIRE (Hte-) : Le Puy ; Brioude, Yssingeaux. — LOIRE-INF. : Nantes ; Ancenis, Châteaubriant, Paimbœuf, Saint-Nazaire. — LOIRET : Orléans ; Gien, Montargis, Pithiviers. — LOT : Cahors ; Figeac, Gourdon. — LOT-ET-GARONNE : Agen ; Marmande, Nérac, Villeneuve-sur-Lot. — LOZÈRE : Mende ; Florac, Marvejols. — MAINE-ET-LOIRE : Angers ; Baugé, Cholet, Saumur, Segré. — MANCHE : Saint-Lo ; Avranches, Cherbourg, Coutances, Mortain, Valognes. — MARNE : Chalons-sur-Marne ; Epernay, Reims, Sainte-Menehould, Vitry-le-François. — MARNE (Hte-) : Chaumont ; Langres, Vassy. — MAYENNE : Laval ; Château-Gontier, Mayenne. — MEURTHE-ET-MOSELLE : Nancy ; Briey, Lunéville, Toul. — MEUSE : Bar-le-Duc ; Commercy, Montmédy, Verdun. — MORBIHAN : Vannes ; Lorient, Pontivy, Ploërmel. — NIÈVRE : Nevers ; Château-Chinon, Clamecy, Cosne. — NORD : Lille ; Avesnes, Cambrai, Douai, Dunkerque, Hazebrouck, Valenciennes. — OISE : Beauvais ; Clermont, Compiègne, Senlis. — ORNE : Alençon ; Argentan, Domfront, Mortagne. — PAS-DE-CALAIS : Arras ; Béthune, Boulogne, Montreuil, Saint-Omer, Saint-Pol. — PUY-DE-DOME : Clermont-Ferrand ; Ambert, Issoire, Riom, Thiers. — PYRÉNÉES (Bses-) : Pau ; Bayonne, Mauléon, Oloron, Orthez. — PYRÉNÉES (Htes-) : Tarbes ; Argelès, Bagnères-de-Bigorre. — PYRÉNÉES-ORIENTALES : Perpignan ; Céret, Prades. — RHIN (H:-) : Belfort et son territoire. — RHONE : Lyon ; Villefranche. — SAONE (Hte-) : Vesoul ; Gray, Lure. — SAONE-ET-LOIRE : Macon ; Autun, Chalon-sur-Saône, Charolles, Louhans. — SARTHE : Le Mans ; la Flèche, Mamers, Saint-Calais. — SAVOIE : Chambéry ; Albertville, Moutiers, Saint-Jean-de-Maurienne. — SAVOIE (Hte-) : Annecy ; Bonneville, Saint-Julien, Thonon. — SEINE : Paris ; Saint-Denis, Sceaux. — SEINE-ET-MARNE : Melun ; Coulommiers, Fontainebleau, Meaux, Provins. — SEINE-ET-OISE : Versailles ; Corbeil, Etampes, Mantes, Pontoise, Rambouillet. — SEINE-INF. : Rouen ; Dieppe, le Havre, Neufchâtel, Yvetot. — SÈVRES (DEUX-) : Niort ; Bressuire, Melle, Parthenay. — SOMME : Amiens ; Abbeville, Doullens, Montdidier, Péronne. — TARN : Albi ; Castres, Gaillac, Lavaur. — TARN-ET-GARONNE : Montauban ; Castelsarrasin, Moissac. — VAR : Draguignan ; Brignoles, Toulon. — VAUCLUSE : Avignon ; Apt, Carpentras, Orange. — VENDÉE : La Roche-sur-Yon ; Fontenay, les Sables-d'Olonne. — VIENNE : Poitiers ; Châtellerault, Civray, Loudun, Montmorillon. — VIENNE (Hte-) : Limoges ; Bellac, Rochechouart, Saint-Yrieix. — VOSGES : Epinal ; Mirecourt, Neufchâteau, Remiremont, Saint-Dié. — YONNE : Auxerre ; Avallon, Joigny, Sens, Tonnerre. — ALGÉRIE : Alger ; Médéa, Miliana, Orléansville, Tizi-Ouzou. — Constantine ; Batna, Bône, Bougie, Guelma, Philippeville, Sétif. — Oran ; Mascara, Mostaganem, Sidi-bel-Abbès, Tlemcen.

C. CHARIER, éditeur, à Saumur.

www.ingramcontent.com/pod-product-compliance
Lightning Source LLC
LaVergne TN
LVHW021656170726
843501LV00007B/2605